RÉPUBLIQUE FRANÇAISE

UNIVERSITÉ DE NANCY

CÉRÉMONIE

DU

13 NOVEMBRE 1919

NANCY

IMPRIMERIE J. COUBÉ, 25, RUE DE LA PÉPINIÈRE

1920

Aux Étudiants

de

l'Université de Nancy

Τὴν πατρίδα δὲ οὐκ ἐλάττω παραδώσω, πλείω δὲ καὶ ἀρείω, ὅσην ἄν παραδέξωμαι.

Ma patrie, je ne la laisserai pas amoindrir, mais je la transmettrai plus grande et plus forte que je ne l'aurai reçue.

(*Serment des jeunes Athéniens*, STOBÉE, *Florilège*, t. 43, § 38).

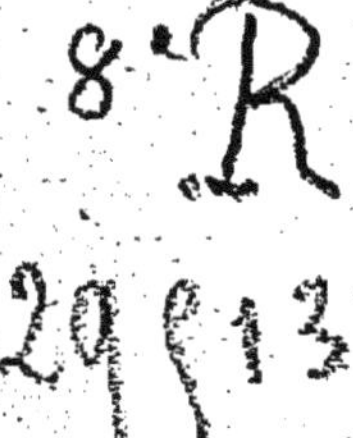

Aux Étudiants
de
l'Université de Nancy

Un jour de décembre 1914, j'accompagnais en avant du Grand-Couronné, sur le terroir du petit village de Gellenoncourt, une mère en deuil, venue pour reconnaître l'endroit où était enterré son fils, et mettre au moins en bière le corps du pauvre enfant, ainsi que celui d'un jeune ami, tombé au même champ d'honneur. C'étaient deux étudiants comme vous, mes amis, tous deux de l'École normale supérieure, appelés sans doute à un bel avenir, en attendant, tous deux simples soldats (1). La mère avait fait préparer deux cercueils. Mais elle apprit que dans la même fosse se trouvait un troisième soldat, dont on ne savait pas le nom. Que faire ? Sans hésiter, elle commanda pour l'inconnu un troisième cercueil. Mêmes honneurs n'étaient-ils pas dûs à tous trois également ?

(1) Robert MÉTHION, né à Fontenay-le-Comte, 20 septembre 1893, et Léon RIGAL, né à Montpellier, 8 juin 1893, soldats au 146e R. I., tués devant Gellenoncourt, 7 septembre 1914.

Tous trois avaient combattu ensemble ; ensemble ils avaient affronté les balles de l'ennemi ; ensemble ils avaient été frappés, dans un même et glorieux sacrifice, pour la Patrie !

Voilà bien, n'est-il pas vrai, la réalisation de ce que nos Étudiants avaient tant souhaité avant la guerre : se rapprocher du peuple, se mêler à lui, se confondre avec lui. Mais ce qui n'avait pu réussir, en temps de paix, malgré des tentatives plus ou moins heureuses, comme les conférences populaires, la bataille en un jour le réalisa pleinement ; elle scellait à jamais, au moins dans la tombe, une parfaite union. Car on a laissé, je l'espère, au fond des tranchées, je ne dis pas seulement toute velléité de haine sociale, bien vilaine formule, mais toute méfiance née de l'ignorance où l'on vivait les uns à l'égard des autres. D'un même élan toute la jeunesse avait rejoint son poste de combat : tous, enfants du peuple et fils de la bourgeoisie, étudiants et ouvriers, avec la même conscience d'un grand devoir à remplir, et dans un même esprit de sacrifice. Ou si quelque distinction subsistait entre eux, c'était seulement à qui saurait le mieux se dévouer. Encore cette noble émulation les rendait tous égaux. « Mes hommes, entendiez-vous dire à de jeunes capitaines qui partageaient leurs épreuves, quels héros ! » Et les soldats de dire en retour : « Mon capitaine, quel chef ! » C'est pourquoi je veux rendre aujourd'hui un solennel hommage à nos Étudiants, morts pour la France. *Noblesse oblige,* disait-on jadis dans les sociétés aristocratiques ; et si maintenant un plus haut degré d'instruction, où d'ailleurs tous peuvent prétendre, même les plus humbles, confère aussi comme un privilège de *noblesse*, le seul que doive admettre une démocratie, cette noblesse nouvelle n'en comporte que plus de devoirs: elle *oblige,* suivant l'expression antique, à plus de *vertu.*

Nos jeunes gens l'ont compris. Appartenant presque tous à cet héroïque 20e Corps, que commandait au début de la guerre le Général Foch, et dont la gloire ces quatre années s'est élevée jusqu'au comble, à mesure que son ancien chef s'élevait lui aussi jusqu'au commandement suprême, ils partirent dès le premier jour. Je me souviens de la sensation de vide que nous avons éprouvée à Nancy, le lendemain dimanche 2 août 1914, dans les rues qui nous paraissaient désertes : vieil homme rencontrant un autre vieil homme, on se serrait la main, on échangeait quelques paroles, encore sous le coup de ce grand départ. Partis nos étudiants ! Partis nos fils ! Partie notre belle jeunesse lorraine, à qui on avait dit au revoir, ne sachant pas ceux qu'on reverrait ! Combien sont-ils, en effet, que nous n'avons pas revus ? Vous entendrez tout à l'heure la longue, l'inoubliable liste de ces noms glorieux. Mais quoi ! on se redisait à soi-même les vieux chants nationaux de 1792 :

> *Allons, enfants de la Patrie !*
> *Le jour de gloire est arrivé.....*

Et encore :

> *La victoire, en chantant, nous ouvre la barrière......*

Et en avant, nos Étudiants en Droit, dont plus d'un s'était engagé pour devancer l'appel. Leurs études les préparaient à défendre plus tard le droit et la liberté des citoyens devant les tribunaux ; en attendant, ils coururent à la défense du droit et de la liberté d'un peuple, que dis-je, de tous les peuples sur les champs de bataille. Et quel merveilleux élan ! Tel d'entre eux, lieutenant de dragons ou de chasseurs, craignant de n'avoir pas assez à faire dans la cavalerie, demande à servir dans l'aviation ; puisqu'il avait quitté le sol pour monter à cheval, ce n'était pas pour redescendre au fond des tranchées et s'enfouir dans un abri souterrain : il voulait s'élever plus haut dans les airs, en plein ciel, jusque dans la nue.

En avant, nos Étudiants en Lettres ! Ils pensaient consacrer leur vie au culte de nos chefs-d'œuvre ; mais en attendant, il fallait sauver, les armes à la main, ces chefs-d'œuvre, qui n'étaient pas moins menacés par l'invasion barbare que nos villages et nos villes avec leurs habitants. L'ennemi ne haïssait-il pas notre langue, autant que notre race ? Bien plus encore qu'en 1870, comme l'avait dit Victor Hugo, il voulait

Marcher sur notre histoire et sur notre pays.

Ne l'a-t-il pas montré par ses bombardements méthodiques, systématiques, de nos Cathédrales, et surtout de la plus vénérable, celle de Reims ? Son programme était bien d'anéantir, si possible, même notre passé. Et nos jeunes licenciés, défenseurs naturels de ce passé, objet de leurs études, sentaient la menace qui les visait presque personnellement : l'un d'eux n'avait-il pas eu maille à partir, un

an avant la guerre, avec des agents provocateurs venus
de Metz tout exprès a Nancy ; obscur héros dans
une échauffourée, qui n'était qu'une méchante querelle
d'Allemand, il devait tomber plus tard en soldat, et
devenir un héros véritable de la Grande Guerre (1).

En avant, nos Étudiants en Sciences, au début tous aussi
simples soldats : ainsi le veut l'égalité démocratique.
Beaucoup, qui étaient dans les tranchées, y sont restés
pendant toute la guerre, partageant jusqu'au bout avec
bonne humeur le sort de leurs camarades ; ou bien télégra-
phistes ou téléphonistes, ils ajoutaient d'autres risques à
ceux des combattants. Bientôt toutefois plusieurs furent,
par ordre, retirés des lignes, pour être employés, dans
cette guerre scientifique, à des tâches qui avaient bien
aussi leur utilité, leur nécessité même, dans les usines ou
les laboratoires. N'allez pas croire que ceux-là fussent
totalement préservés. La poudre est dangereuse, certes, sur
les champs de bataille ; mais elle a ses explosions, terribles
aussi, loin du front, là où elle se fabrique et où on en fait
l'essai. Et les gaz empoisonnés ne sont pas dangereux

(1) Norbert BOUTTENOT. — Cet incident, qui fut singulièrement grossi
par la presse, eût lieu la nuit du 13-14 avril 1913. — Bien entendu,
c'étaient les Français qui avaient commencé, au dire des Allemands. Et
ils se promettaient de nous le faire payer chèrement. On lit, en effet,
dans le *Journal d'une Française en Allemagne*, à la date du dimanche,
6 septembre 1914 : « On nous apprend que l'attaque de Nancy est
commencée sous le commandement de l'empereur lui-même, ce qui,
pense-t-on, sera plus dur que tout le reste au chauvinisme des
Nancéiens, *desquels on a soin de rappeler les injures contre les Allemands.* »
(Voir *Revue de Paris*, 1er février 1915, p. 491).

seulement quand ils arrêtent une vague d'assaut ou rendent une tranchée intenable : le chimiste qui les étudie dans son laboratoire, en a été lui-même plus d'une fois victime. Nous avons eu de ce fait aussi nos héros.

En avant enfin nos Médecins et nos Pharmaciens ! Oui, en avant, comme les camarades, bien que leur place eût été, sinon à l'arrière, dans les hôpitaux du centre, au moins hors la portée des projectiles, à quelque distance des lignes où on se battait. Mais quoi ! ne voulant pas rester dans ces formations éloignées, qui leur auraient laissé des souvenirs moins glorieux, jaloux d'être aussi sur le front parmi les combattants, avec le regret de n'être pas des combattants eux-mêmes, combien, sur leur demande réitérée, ont été envoyés dans des unités combattantes, régiments d'infanterie, bataillons de chasseurs ! Là, lorsqu'autour d'eux on était grisé par la fièvre de l'action et qu'on avait pour se soutenir l'ivresse du combat, leur devoir de médecin les obligeait à garder leur calme, tout leur sang-froid, avec la main sûre pour achever les premiers pansements, et l'esprit lucide pour dicter en hâte la fiche sanitaire qu'un infirmier griffonnait entre deux éclatements d'obus, et qu'on épinglait à la manche du blessé, en lui disant, quand il pouvait encore faire quelques pas : « Vite, mon petit, va-t'en vite ; il ne fait pas bon ici ». Bien entendu, on restait soi-même au poste dit de secours et où il ne faisait pas bon ; une balle blessait parfois de nouveau le malheureux qu'on était en train de panser, et parfois on était touché également. J'admire, certes, le courage de tous. Mais que pensez-vous de ces brancardiers, — souvent des prêtres, — infirmiers, médecins auxiliaires ou aides-majors ? Au courage militaire, ils ajoutaient, tout près aussi de la mêlée sans être au-dessus pour cela, un courage professionnel, qui eut encore à s'exercer après l'armistice. Tout ne se termina pas le 11 novembre 1918, au moins pour quelques-uns : ils eurent à combattre encore les maladies, le typhus, que sais-je ? et notre dernière victime, après avoir échappé à tous les hasards de la guerre, où il s'était exposé avec cette belle vaillance, qu'ils appelaient de la crânerie ou simplement du « cran », succomba en soignant des typhiques à l'hôpital de Darmstadt.

Honneur et gloire à eux tous, qui sont morts ! Mais n'avons-nous rien de plus à dire que ces deux mots, si nobles qu'ils soient, si flatteurs à l'oreille ? Je n'ai pas qualité pour parler ici des espérances surnaturelles, que donne la foi religieuse. Mais les théologiens eux-mêmes, outre les consolations qui leur sont propres, ne dédaignent point de recourir à d'autres, tirées de la simple humanité. « O Prince, disait Bossuet en son Oraison funèbre de Condé, *vous vivrez éternellement dans ma mémoire !* » Disant cela, il ne croyait pas dire une parole vaine. Ainsi nos héros ne seront pas de ces morts dont on ne parle plus, auxquels on ne pense plus, vraiment morts ceux-là, disparus à jamais de ce monde, sans qu'il reste rien d'eux, pas même un souvenir. Toujours, dans les familles, ils feront le cher entretien de ceux qui les ont connus, et leur nom sera conservé pieusement, avec le récit de ce qu'ils ont fait. Toujours, dans nos écoles, ils seront célébrés comme les martyrs de la plus sainte des causes : nos Alliés n'ont-ils pas appelé cette guerre une Croisade ? Toujours, dans notre histoire, ils figureront à la place d'honneur ; car ils en ont écrit de leur sang le chapitre le plus sublime. Leur sacrifice ne nous a pas seulement sauvés en ces années tragiques de 1914 à 1918 ; il nous sauve encore aujourd'hui ; il nous sauvera demain et pendant combien de temps ! Car un tel exemple, sans cesse rappelé aux bons et aux mauvais jours, préserve des défaillances ; il aide à vivre, il fait vivre, il est un principe et le plus fécond principe de vie. Bien que nos Étudiants morts pour la France n'aient pas eu leur part complète de l'existence humaine, et que nous le regrettions amèrement, pour nous peut-être encore plus que pour eux, ils ont tenu, ils ont accompli le serment civique qu'Athènes faisait prêter jadis à ses jeunes hommes, en âge de porter les armes : ne pas laisser après eux la Patrie moins grande qu'ils ne l'avaient reçue, mais la laisser au contraire agrandie, ennoblie, embellie : serment que font l'une après l'autre les générations, mais que toutes n'ont pas le bonheur de tenir, et qu'ils ont eu la gloire de remplir magnifiquement. Outre le juste rétablissement que nous leur devons de nos anciennes frontières, quel trésor de gloire n'ont-ils pas amassé, accumulé en ces quelques mois de leur vie si brève, héritage sacré dont vivra longtemps la France, et avec elle le monde entier ! Car, c'est encore une belle pensée des anciens Grecs, que les héros morts pour la Patrie ont leur tombeau partout dans l'univers, et non pas seulement dans ce petit coin où ils sont enterrés, partout, dis-je, dans les âmes capables de comprendre, de sentir la beauté de leur sacrifice. Ce ne sont pas seulement leurs proches, ce n'est pas seulement leur Patrie, c'est toute la grande famille humaine, qui salue en eux les meilleurs de ses enfants.

Ils avaient de qui tenir, certes ; et je ne parle pas seulement de ces familles lorraines, de qui le patriotisme a été mis tant de fois à l'épreuve par le fer et par le feu, je parle aussi de leurs maîtres, dont ils sont les fils spirituels, ces maîtres doublement patriotes, en leur qualité de Français et de Lorrains. De Lorrains, dis-je ? mais aussi d'Alsaciens. Rappelons, en effet, l'histoire universitaire de Nancy, depuis 1871. Ce fut d'abord, à cette date, l'arrivée en notre ville de nombreux Professeurs des Facultés françaises de Strasbourg : Professeurs de Droit, Professeurs de Sciences et de Lettres, toute la Faculté de Médecine, toute l'École supérieure de Pharmacie (deux dépôts, disait-on, qui nous étaient confiés). Je ne puis les nommer tous : Lederlin, qui fut si longtemps un de nos doyens vénérés ; le doyen Bach aussi, et Delbos ; Grucker et Campaux ; Stoltz, encore doyen, Herrgott père, Beaunis et Bernheim, et l'excellent doyen Gross ; puis à la Pharmacie, Oberlin, Jacquemin, Schlagdenhauffen et Bleicher, tous successivement directeurs. La présence de ces Maîtres parmi nous entretenait le souvenir vivant des provinces perdues, que d'ailleurs on n'avait garde d'oublier. Et chaque fois qu'un de ces bons Alsaciens disparaissait, ou bien on ramenait le corps à Strasbourg, au cimetière de sa ville natale, ou bien si on l'enterrait ici, on ne manquait pas d'évoquer sur sa tombe la chère Cité, et la flèche de la Cathédrale, dont l'image, sans cesse sous leurs yeux, les consolait d'un long exil. Nos Étudiants non plus ne manquaient jamais, dans leurs cérémonies, de pavoiser leur Cercle aux couleurs d'Alsace ainsi que de Lorraine et de France ; ils fraternisaient avec leurs camarades de Strasbourg, et ceux-ci se plaisaient à déployer, dans l'intimité de leurs réunions, la bannière des anciennes Facultés ou Écoles tant regrettées. Enfin nous avions voulu que le sceau de notre Université lorraine portât, comme un constant rappel et un espoir invincible, la bande rouge sur fond d'argent, de la République strasbourgeoise.

Nancy n'a pas été seulement le refuge des Professeurs venus de là-bas ; une nouvelle génération d'Alsaciens, faute de pouvoir enseigner à Strasbourg, voulut au moins enseigner à Nancy : Carré de Malberg et Bourcart, pour le Droit ; Haller et Guntz, Arth et Muller, pour les Sciences ; Pfister et Diehl, Pariset et Perdrizet, aux Lettres ; Herrgott fils, à la Médecine, d'autres encore, Weiss et Rohmer, Haushalter, Frœhlich, Fruhinsholz ; et à la Pharmacie, Klobb. Greffe vigoureuse sur un tronc non moins vigoureux lui-même. Plusieurs viennent de nous quitter pour retourner au pays. Quoi de plus naturel ? Strasbourg nous avait beaucoup donné, ou si vous aimez mieux, beaucoup prêté ; Strasbourg nous a beaucoup repris.... N'avons-nous pas la satisfaction de nous dire que ce sont des

Maîtres de Nancy, avec les méthodes et les enseignements de Nancy, qui contribuent, pour une bonne part, à la renaissance de l'Université alsacienne : la Lorraine, travaillant à la rééducation française de l'Alsace, n'est-ce pas un beau sujet de fierté et de gloire ? Ainsi se trouvent comblés, n'en doutez pas, les vœux des Maîtres lorrains, ou naturalisés en Lorraine, et qui avaient accueilli le premier jour leurs collègues émigrés d'Alsace : en tête les doyens Benoist, Debidour et Krantz, et avec eux Gebhart, Vidal de La Blache, Dubois ; à la Médecine, les professeurs Spillmann, Nicolas et Prenant ; aux Sciences, les doyens Bichat et Floquet ; à la Pharmacie, Godfrin et Brunotte. Beaucoup ne sont plus là, mais leurs noms doivent être rappelés en cette cérémonie ; leur mémoire nous est toujours présente ; et ils seraient contents, j'en suis sûr, des Étudiants auxquels ils ont donné par leurs leçons une âme si française. Ce que de tout leur cœur ils avaient souhaité de voir, ce qui fut la constante pensée de leur vie entière, se trouve maintenant réalisé par des continuateurs et des héritiers qui n'auront pas été indignes de tels ancêtres.

« Merci, merci ! » s'écriaient, les larmes aux yeux, les habitants de Strasbourg et de Metz, à la rentrée de nos troupes dans les deux Villes heureuses de se repavoiser aux couleurs françaises. Nous aussi à nos morts nous disons « Merci ». Et cela, en notre nom comme au nom de ces fondateurs de l'Université lorraine, dont l'œuvre, grâce au sacrifice de cette belle jeunesse, et suivant la loi de tout ce qui vit, doit persévérer et s'accroître encore.

Reprenons sans retard la tâche de nos anciens. Leur ambition était grande pour Nancy : la nôtre ne saurait être moindre. Ils n'avaient, comme champ d'action, que la moitié de la Lorraine ; grâce à nos morts, nous avons maintenant celle-ci tout entière. La Moselle ne cesse plus d'être française à quelques cents mètres de Pagny ; la Seille sur ses deux rives est à nous, et de même une bonne partie de la Sarre. La frontière s'est éloignée, laissant notre ville maintenant tout à fait au centre de la région. Aussi n'avons-nous pas attendu la signature de la paix, pour agir. Un nouvel Institut, réclamé d'urgence par la Chambre de Commerce et par tous les grands industriels, est déjà fondé, et ce ne sera pas le moindre joyau de la Faculté des Sciences : Institut métallurgique et minier. Grâce à des concours empressés et à des prodiges d'activité, il se trouve prêt pour la rentrée et fonctionne avec un personnel d'élite, aussi bien comme élèves que comme maîtres. Là nous ne faisons que suivre encore la pure tradition de Bichat, qui doit en tressaillir d'aise dans sa tombe. Une fois de plus Science et Industrie auront fait une alliance à l'une et à l'autre profitable. Mais ce n'est pas seulement dans le domaine industriel, que doit se faire sentir l'action de l'Université lorraine. Par toute la région enfin rétablie en son intégrité, hommes d'affaires et hommes de loi, avocats et magistrats, personnel de l'ordre administratif, tout ce monde a besoin de recevoir une formation spéciale : où la trouverait-il mieux que dans le centre universitaire le plus proche, celui qui est le mieux disposé à devenir le cerveau et le cœur de toute la Lorraine ? Les Médecins eux-mêmes s'en rendent déjà compte : des personnalités médicales de Metz et de Luxembourg figurent dans le comité de rédaction de la *Revue Médicale de l'Est*, un des organes scientifiques de notre Université. Avant la guerre, quand j'énumérais nos Étudiants du dehors, je citais toujours Alsaciens et Lorrains à part, ne pouvant me résoudre à les considérer comme étrangers ; et j'y ajoutais les Luxembourgeois. Ils forment sans doute un État souverain, jaloux de son indépendance, que nous respectons. Mais eux-mêmes ont rappelé naguère leur parenté avec la Lorraine, et nous ne devons pas repousser des sympathies qui s'offrent à nous de si bon cœur. Les Étudiants luxembourgeois s'inscrivent maintenant en nombre à nos Facultés : qu'ils y soient les bien-venus !

D'autres peuples plus lointains ne demandent qu'à venir aussi. La Roumanie, sœur latine de la France et même une sœur aînée presque, puisque son acte de naissance remonte à Trajan : les fils qu'elle nous envoie, trouveront en Lorraine un fraternel accueil. Et de même les Serbes, qui devaient être les premières victimes de l'attentat de 1914 : leur résistance héroïque, comme celle de la Belgique, n'a pas peu contribué à sauver le monde. Ils retrouveront à Nancy, par une bonne fortune singulière, le Général français qui, à Corfou, recueillit les valeureux débris de leur armée, après la retraite d'Albanie, et sut réconforter ces braves, reformer avec eux de beaux régiments et les renvoyer, non plus seulement au combat, mais cette fois à la victoire.

D'autres nations encore, je le sais, regardent volontiers vers Nancy. Les Polonais, pendant la guerre, ont salué sur notre Place Stanislas la statue d'un de leurs derniers rois, devenu duc de Lorraine ; ils ont vénéré à l'Église de Bon-Secours son tombeau. Il mérita le nom de Bienfaisant ; notre ville se doit à elle-même de devenir, en retour, la bienfaitrice des compatriotes de Stanislas, ou plutôt de leurs descendants, qui désireraient reprendre le chemin déjà connu de la Lorraine.

Parlerai-je aussi de nos amis lointains d'Amérique ? Ceux que nous avons vus cet été dans nos salles de cours, ne nous oublieront pas, ils nous l'ont promis ; nous non plus ne devons pas les oublier. Mais nos relations amicales en resteront-elles là, de part et d'autre ? L'Océan Atlantique se traverse aisément, ils nous l'ont montré, quand il s'agit de venir se battre à nos côtés, pour la plus grande et la plus juste des causes. Le traverseront-ils de même, pour nous revenir comme étudiants, et non plus comme soldats ? Ne nous égarons pas dans ces perspectives trop vastes et trop lointaines. Bornons nos vues aux régions plus proches de nous et qui offrent encore un assez beau champ à notre activité. Sommes-nous même déjà prêts à recevoir toutes ces recrues nouvelles ? Quelle hospitalité les Étudiants du dehors trouveront-ils à Nancy ? La Ville ne saurait se désintéresser de cette question, où il y va de son avenir, qui ne fait qu'un avec l'avenir de l'Université.

Plus que jamais Nancy doit être une capitale. Elle l'est déjà, capitale de la France de l'Est, ou pour ne porter ombrage à personne, capitale de la Lorraine, avec toute l'extension que comporte désormais ce nom. Mais non pas seulement capitale industrielle : capitale intellectuelle aussi, avec la noble ambition de faire rayonner jusqu'à la frontière la plus distante, comme d'un foyer lumineux de science, et même au-delà vers le Rhin, toute la pensée française ? Et quel moment fut jamais plus favorable ? Nos vieilles provinces, qu'on appelle aujourd'hui des régions, n'étaient pas mortes : elles sommeillaient seulement, et elles doivent à la guerre un premier réveil ; que dis-je, elles sortent de cette guerre ressuscitées, renouvelées, rajeunies, comme par un glorieux baptême de sang. « A moi, Auvergne ! » ce cri resté célèbre dans notre histoire militaire, la France l'a redit, s'adressant à toutes ses provinces, comme à toutes ses filles une mère en péril de mort. Et toutes ont répondu, rivalisant entres elles de patriotique ardeur. Et on a reparlé, dans les communiqués qui étaient les fastes journaliers de cette Grande Guerre, on a reparlé de l'Auvergne et de la Bretagne, de la Gascogne et du Poitou, de la Champagne, de l'Artois et des Flandres, des Savoyards et des Dauphinois. Mais, grâce à Nancy, grâce à Verdun, on a parlé surtout de la Lorraine. Des batailles décisives se sont engagées sur notre sol, et ont été gagnées. Aux vieux titres de noblesse, que lui valaient déjà tant de luttes séculaires et tant d'invasions, la Lorraine en ajoute d'autres, qui lui assurent une gloire impérissable dans le monde entier.

Jeunes Gens, mes Amis,

Je rappelais tout à l'heure votre bel élan, lorsque, au premier jour de la mobilisation, enfants de la Lorraine, vous êtes partis rejoindre votre 20me Corps. En avant, disiez-vous, pour la bataille ; en avant, pour la victoire ! Que cet élan se retrouve le même pour d'autres luttes, qui vous attendent, et où l'on triomphe par le travail. Sachez-le, vous n'avez pas moins besoin de vaillance pendant la paix que pendant la guerre. Et vous l'aurez, cette vaillance, je vous le demande au nom de la France meurtrie, au nom de vos camarades qui se sont sacrifiés pour elle. N'ayez pas moins de courage pour vivre, qu'ils n'en ont montré pour mourir : il ne vous en faudra pas moins, je le répète, il vous en faudra peut-être davantage. N'importe ! vous devez sourire à la vie, comme ils souriaient si bien à la mort.

Je ne vous dirai pas cependant, comme certain grand homme d'Outre-Rhin : « En avant, par-dessus les tombeaux ». Parole impie et sacrilège. En France, nous n'enjambons pas ainsi les tombes ; nous nous inclinons pieusement devant elles, nous demandons à ceux qui y reposent leur secret pour bien vivre et pour bien mourir ; puis nous relevons fièrement la tête, fortifiés et rassérénés par leur exemple, et nous reprenons avec confiance notre marche en avant.

Mes amis, laissez-moi rappeler ici ma lointaine enfance au pays des Ardennes. En 1870, après la bataille de Sedan, nous avons eu là-bas le souvenir de deux épisodes, qui nous faisaient presque oublier la défaite : c'était la défense héroïque, dans une maison de Bazeilles, de quelques braves, qui ont tenu jusqu'à leur *Dernière Cartouche* ; et c'était en même temps la charge héroïque d'un solide gaillard de la Meuse, à la tête de ses escadrons, le Général Margueritte. Vous dirai-je que nous avons vécu de cela, et du souvenir aussi de deux ou trois grands noms, Faidherbe, Chanzy : ils avaient au moins sauvé l'honneur dans ces rencontres qui vous paraissent aujourd'hui des combats d'enfants, après vos batailles de géants. Oui, ces souvenirs nous ont soutenus, encouragés ; ils nous traçaient notre devoir, et cette pensée constante était comme le meilleur de nous-mêmes. Vous, mes amis, combien vous êtes plus heureux ! Vos souvenirs, chers et glorieux, sont le Grand-Couronné et la Marne et l'Yser, l'Artois et la Champagne, et Verdun, — et ces dernières batailles, qui furent des victoires, sur la Vesle et sur l'Aisne, sur la Meuse, lorsque l'armistice arrêta votre bond victorieux. Et les noms de vos héros, que vous redirez toujours avec admiration, avec reconnaissance, quels sont-ils ? Joffre, Foch et Castelnau, combien d'autres encore, sans oublier chefs et soldats que vous avez connus, tous jusqu'aux plus humbles, sans oublier.... vous-mêmes : car ce passé d'hier, vous l'avez vécu, n'est-ce pas votre propre passé ?

C'est pourquoi vous porterez haut votre bannière, Étudiants de Nancy, cette bannière qui garde dans ses plis, entre autres noms et souvenirs, celui de Julien Féry, ancien Président de votre Association, celui de Roger

Weiss, votre Vice-Président, tous deux morts pour la France ; elle nous apparaîtra toujours, votre bannière, comme teinte de leur sang généreux. Déjà vous la portiez dans les Congrès internationaux ; mais bien qu'elle n'eût point de crêpe à la hampe, elle était comme en deuil de l'Alsace, en deuil de la Lorraine ; vous ne la portiez pas moins fièrement, et elle n'en excitait partout que plus de sympathie émue. Désormais vous la porterez glorieusement dans les Fêtes universitaires, où nous ne serons plus exposés à rencontrer, comme un jour à Bruxelles, un recteur allemand de Strasbourg, sa chaîne d'or au cou, chaîne d'or sans doute, mais lourde chaîne, qui était comme le symbole du pangermanisme. Et sa première sortie, à votre bannière, sera demain pour aller, libre, joyeuse, triomphante, au milieu de vos frères retrouvés, inaugurer à Strasbourg l'Université alsacienne.

Vous lui constituerez, à ce précieux emblème, une garde d'honneur, comme on n'en avait pas encore vu, et comme on n'en reverra plus jamais. Vous qui avez fait la Grande Guerre, vous aurez toujours à nos yeux comme une auréole de gloire, qui vous distinguera entre tous, sans que vous ayez besoin pour cela de croix ni de médailles ; car vous avez eu cette fortune merveilleuse de combattre pour votre grande et votre petite Patrie, pour la Lorraine et pour la France, de sauver l'une et l'autre au péril de vos jours, de les agrandir l'une et l'autre, en les rétablissant toutes deux dans leurs légitimes frontières, selon la Justice et la Liberté.

ÉTUDIANTS

ET

ANCIENS ÉTUDIANTS

MORTS POUR LA FRANCE

Les listes qui suivent sont incomplètes. Nous les publions cependant telles quelles : le lecteur nous aidera peut-être à les compléter. Nos renseignements eux-mêmes sont incomplets : il y manque au moins les citations. Mais les Étudiants tombés les premiers en août et septembre 1914, et qui méritaient certes d'être cités à l'ordre, pour bien des raisons ne l'ont pas été. Ils le seront sans doute : les autorités militaires s'en occupent. Nous attendrons que leur travail soit terminé, pour rendre à chacun ce qui lui est dû. Jusque-là nous ne voulons savoir qu'une chose : c'est que les Étudiants dont on lira ici les noms, ont tous fait le même sacrifice de leur vie : une mort héroïque les a rendus tous égaux.

Nous indiquons la *date* et le *lieu* de ces morts glorieuses. Même ces renseignements ne sont pas toujours complets : bon nombre de nos étudiants étaient du pays occupé par l'ennemi, ou dont les communes ont été détruites ; les registres de l'état civil n'ont pas encore été reconstitués, et bien des familles sont toujours dispersées.

FACULTÉ DE DROIT

Liste lue par M. le Doyen GENY

1914

MEYER (Michel), avocat à la Cour, sous-lieutenant, 128ᵉ R. I. : 20 août, Charleroi.

SAMUEL (Raymond), avocat à la Cour, caporal, 79ᵉ R. I. : 20 août, Morhange.

DAVID (Georges), ... : 20 août, Morhange.

LEBOIME (Camille), caporal, 3ᵉ B. C. P. : 22 août, mort des suites de ses blessures.

DE SAINT-SULPICE (Daniel), caporal, 160ᵉ R. I. : 25 août, Crévic.

LACOUR (Georges), caporal, 2ᵉ B. C. P. : 25 août, Rozelieures.

MARTIN (Roger), sergent, chef de section, 279ᵉ R. I. : 25 août, Courbesseaux.

SÉCHEHAYE (Henri), soldat, 70ᵉ D. I. : 25 août, Courbesseaux.

PIERSON (André), soldat, 165ᵉ R. I. : 28 août, la Woëvre.

MASSELOT (Maurice), soldat, . . . : août 1914, disparu.

GLUGE (René), soldat, 26ᵉ R. I. : 28 août, Vitrimont.

OBRIN (Paul), avocat à la Cour, soldat, 21ᵉ section, secrétaire d'E. M. : . . ., août, Vitrimont.

VONDERHEYDEN (Henri), lieutenant, 17ᵉ B. C. P. : brûlé vif par l'ennemi à la retraite de la Marne, septembre 1914.

ADELPHE (Louis), docteur en droit, lieutenant, 69ᵉ R. I. : 1ᵉʳ septembre, Friscati, près Lunéville.

MOUGENOT (René), capitaine, 69ᵉ R. I. : 1ᵉʳ septembre, Friscati, près Lunéville.

MOREAU (Pierre), caporal, 69ᵉ R. I. : 3 septembre, Vitrimont-Deuxville.

FLACH (Georges), sergent, 26ᵉ R. I. : 5 septembre, Crévic.

HERQUÉ (Maurice), lieutenant, infanterie coloniale : 6 au 10 septembre, la Chipotte.

AUGÉ (Marcel), soldat, . . . : septembre 1914, la Marne.

HUSSON (Jean), caporal, 26ᵉ B. C. P. : 10 septembre, blessé à Courcelles-sur-Aire (Meuse), décédé le 16 septembre.

ZANETTI (Félicien), avocat à la Cour, sous-lieutenant, 148ᵉ R. I. : 14 septembre, Ferme de la Chapelle.

PÊCHEUR (Robert), juge suppléant au Tribunal de Montmédy, sous-lieutenant, 147ᵉ R. I. : 17 septembre, Binarville. *Chevalier de la Légion d'honneur.*

Simonnet (Pol), sous-lieutenant, 346ᵉ R. I. : 23 septembre, Mamey-Lironville (Meurthe-et-Moselle).

Duchamp (Pierre), garçon de salle à la Faculté, soldat, 43ᵉ R. I. coloniale : 24 septembre, bois de la Talouze, près Dieue (secteur de Verdun).

Person (André), lieutenant, 29ᵉ B. C. P. : 24 septembre, Spada, devant Saint-Mihiel.

Gazaniol (Charles), sergent, 140ᵉ R. I. : 24 septembre, Vermandovillers.

Bernard (Édouard), caporal, 5ᵉ R. I. C. : 27 septembre, Apremont.

Mégnin (Jean), caporal, 35ᵉ R. I. : disparu en septembre, Autrêches (Oise).

Fachot (Paul), lieutenant, 44ᵉ B. C. P. : 2 octobre, Neuvireuil (Pas-de-Calais).

Cerf (René), soldat, 226ᵉ R. I. : 2 octobre, disparu à Bois-Bernard (Pas-de-Calais).

Aymes (Édouard), soldat, 29ᵉ R. I. : 9 octobre, Apremont.

Lemoine (Georges), avocat à la Cour, sergent, 26ᵉ R. I. : 10 octobre, Monchy-au-Bois (Pas-de-Calais).

Fousnaquer (Étienne), soldat, 37ᵉ R. I. : 11 octobre, Foncquevillers (Pas-de-Calais).

Nicolas (Louis), maréchal des logis, 12ᵉ Dragons : 14 octobre, suites de maladie.

Robert (Pol), avocat à la Cour, lieutenant, 18ᵉ B. C. P. : 19 octobre, Four de Paris (Argonne).

GARON (Louis), sergent, 152ᵉ R. I. : 30 octobre, Spitzemberg (Alsace).

VAL (Pierre), sous-lieutenant, 4ᵉ B. C. P. : 11 novembre, disparu.

PONCHAUD (Pierre), soldat, 37ᵉ R. I. : 11 novembre, Bixschoote (Belgique).

GÉRÔME (Émile), juge à Remiremont, soldat, 149ᵉ R. I. : 18 novembre, Verbranden-Molen (Belgique).

PURNOT (Paul), lieutenant, 79ᵉ R. I. : 14 décembre, Bois de Mortmare. *Chevalier de la Légion d'honneur.*

BOHIN (Jean), sergent mitrailleur, 361ᵉ R. I. : 21 décembre, Bienvillers-au-Bois (Pas-de-Calais).

GILLET (Ferdinand), reçu à l'Inspection de la Banque de France, sergent, 37ᵉ R. I. : 22 décembre, blessé à Bixschoote (Belgique), décédé dans une ambulance à Deauville, 12 février 1915.

LEPOIRE (Jacques), caporal fourrier, 37ᵉ R. I. : 23 décembre, disparu à Bixschoote (Belgique).

DELDEMME (Henri), soldat, 69ᵉ R. I. : 26 décembre, Kortecher (Belgique).

1915

RÉGNIER-VIGOUROUX (Jean), sous-lieutenant, 226ᵉ R. I. : 8 février, ...

MENDÈS (Charles), ancien élève de l'École nationale des Eaux et Forêts, capitaine, 84e R. I. : 19 février, Beauséjour.

MARC (Jean), caporal, 170e R. I. : 16 mars, Ménil-les-Hurlus (Marne).

CHATY (René), soldat, 26e R. I. : 17 décembre 1914, blessé à Bixschoote (Belgique), décédé à l'Hôpital de Dunkerque, 25 mars 1915.

ROYER (Auguste), sergent, 51e R. I. : 13 avril, disparu à Marchéville (Meuse).

MADELIN (Léon), commandant, 3e B. C. P. : 8 mai, Notre-Dame-de-Lorette. *Chevalier de la Légion d'honneur.*

BAJOLOT (Paul), avocat à la Cour, sous-lieutenant, 3e B. C. P. : 8 mai, Notre-Dame-de-Lorette. *Chevalier de la Légion d'honneur.*

PANCARD (Georges), avocat à la Cour, sergent-fourrier, 79e R. I. : 9 mai, Carency.

VILLEMIN (Marc), avocat à la Cour, sergent, 79e R. I. : 9 mai, Neuville-Saint-Vaast.

BAILLY (Albert), chef de cabinet du Préfet de Meurthe-et-Moselle, caporal, 26e R. I., puis sergent, 226e R. I. : 13 mai, Ablain-Saint-Nazaire (Pas-de-Calais).

AUDOUARD (Jean), aspirant, 69e R. I. : 23 mai, Neuville-Saint-Vaast.

GUNTZ (Edmond), sergent-major, 3e B. C. P : 8 juin, Aix-Noulette.

LAGRANGE (Pierre), avocat à la Cour, caporal, 37ᵉ R. I. : 13 juin, Neuville-Saint-Vaast.

CHAROY (René), aspirant, 19ᵉ B. C. P. : 27 juin, Tranchée de Calonne.

BERTIN (Ernest), capitaine, 150ᵉ R. I. : 30 juin, Bagatelle. *Chevalier de la Légion d'honneur.*

PELTIER (Paul), soldat, 136ᵉ R. I. : 3 juillet, devant Arras.

LE COZ (John), avocat à la Cour, sergent, 26ᵉ R. I. ; 14 juillet, Souchez.

GUY (André), avocat à la Cour, lieutenant, 79ᵉ R. I. : 25 septembre, Beauséjour. *Chevalier de la Légion d'honneur.*

SCHMITT (Paul), soldat, 150ᵉ R. I. : 28 septembre, en Champagne.

PACOTTE (Édouard), aide-major, 106ᵉ R. I. : 27 septembre, Souain (Champagne).

PROT (Henri), sous-lieutenant, 204ᵉ R. I. : 3 octobre, blessé au Bois de la Folie, près Souchez, décédé à l'ambulance, le 5 octobre.

BROCHARD (Charles), adjudant, 294ᵉ R. I. : 6 octobre, Souain.

LOMBARD (Paul), juge suppléant à Saint-Mihiel, sous-lieutenant, 155ᵉ R. I. : 6 octobre, Saint-Hilaire-le-Grand. *Chevalier de la Légion d'honneur.*

DE THOMASSIN DE MONTBEL (Maurice), soldat, 107ᵉ R. I. : 9 octobre, devant Arras.

Auburtin (Fernand), maréchal-des-logis, 40e R. A. C., puis 106e R. A. L. : 21 décembre, Villers-Marmery (Marne). *Médaille militaire.*

Toussaint (Léon), substitut du procureur de la République à Sedan : 1915, Hauts de Meuse.

1916

Goussel (Edmond), avocat à la Cour, aspirant, 237e R. I. : 29 mars, devant Verdun.

Daum (Jean), lieutenant, 8e R. A. C. : 2 avril, près d'Esnes, devant Verdun. *Chevalier de la Légion d'honneur.*

Caye (Jean), brigadier, 60e R. A. : 2 avril, Bois de la Caillette, devant Verdun.

Bourcart (Georges), capitaine, 226e R. I. : 11 avril, Douaumont. *Chevalier de la Légion d'honneur.*

Adam (André), capitaine, 30e R. I. : 21 avril, Thiaumont.

Landre (André), sous-lieutenant aviateur : 5 mai, tué en combat aérien.

Terraux (Jean), avocat à la Cour, lieutenant, 65e B. C. P. : 21 mai, Côte du Poivre. *Chevalier de la Légion d'honneur.*

Fenaux (Charles-Marcel), capitaine, 294e R. I. : 29 mai, devant Verdun. *Chevalier de la Légion d'honneur.*

Rogé (Henri), bâtonnier de l'Ordre des Avocats à Saint-Dié, soldat, 359e R. I. : 17 juin, devant Verdun (cote 321).

Dagonet (Henri), lieutenant, 5e Hussards : 22 juillet, Wiencourt (Pas-de-Calais). *Chevalier de la Légion d'honneur.*

Carré de Malberg (François), lieutenant, 11e B. C. alpins : 16 août, devant Maurepas (Somme).

Féry (Julien), notaire à Bar-le-Duc, sous-lieutenant, 270e R. I. : 27 août, devant Thiaumont.

Spach (Alfred), sergent-fourrier, 6e B. C. P. : 27 août Cléry-sur-Somme.

Élie (Hubert), brancardier, 73e D. I. : 4 septembre, Tunnel de Tavannes, devant Verdun.

Martin (Jean), brancardier, 73e D. I. : 4 septembre, Tunnel de Tavannes.

Idoux (Maurice), caporal, 1er B. C. P. : 7 septembre, Vermandovillers (Somme).

Wirbel (Charles), lieutenant, 360e R. I. : 13 septembre, Cléry-sur-Somme.

Cathelinaux (Jean), aspirant, 8e B. C. P. : 27 septembre, dans la Somme.

Castara (Jean), maréchal des logis, 22e R. A. : 4 octobre.

Devinot (Gabriel), soldat, section des C. O. A. : 24 novembre, au cours d'un bombardement de Nancy.

Grandcolas (Henri), lieutenant, 10e B. C. P. : . . . . ., mort de maladie contractée au front.

1917

BORDERIE (Henri), sous-lieutenant, 2ᵉ Rég. de marche (zouaves) : 4 avril, en Champagne.

ADRIEN (Maurice), sous-lieutenant, 60ᵉ R. A. : 16 avril, blessé devant Laon ; 12 mai, mort à l'ambulance d'Ourches (Meuse). *Chevalier de la Légion d'honneur.*

DE BOISDEFFRE (Jean), lieutenant aviateur : 30 avril, chute d'avion la nuit en service commandé, devant Nancy (corps rapporté à l'Hôpital Sédillot). *Chevalier de la Légion d'honneur.*

PERRIN-BELLON (Pierre), sous-lieutenant, 82ᵉ R. I. : 23 août, ... *Chevalier de la Légion d'honneur.*

1918

HERRGOTT (Paul), sous-préfet de Sedan, en mission dans les régions libérées : 10 avril, tué par un obus allemand à Beaumetz-les-Loges, près d'Arras.

RANDON DE PULLY (Enguerrand), lieutenant, 41ᵉ R. I. : 26 avril, Hangard-en-Santerre.

VILLARD (Pierre), caporal, 26ᵉ R. I. : 18 juin, Saint-Bandry (Aisne), près Soissons.

Valdenaire (Maurice), sous-lieutenant, 149e R. I. ; 15 juillet, en Champagne. *Chevalier de la Légion d'honneur.*

Baudot (Marcel), sous-lieutenant, 77e R. I. ; 31 juillet, Bois de Gèvres, devant Dormans (Marne).

Velin (François), adjudant, 501e Rég. d'artillerie d'assaut : 14 octobre, Reygerie (Belgique).

Leitienne (François), lieutenant, 12e Dragons : 23 octobre, maladie contractée en service.

Perrin (Léon), soldat, 44e R. A., puis aviateur : 30 octobre, en combat aérien.

ADDITIONS

Bartmann (Georges), huissier à Badonviller, soldat, 17e B. C. P. : 5 juillet 1915, Notre-Dame-de-Lorette.

Daupleix (Charles), avoué à Saint-Mihiel : tué à Saint-Mihiel (bombardement), 22 février 1916.

Depreuve (Jacques), huissier à Charleville, sergent, 128e R. I. : 18 avril 1916, Bras, devant Verdun.

Duval (Abel), notaire à Darney, sergent-fourrier, 43e R. I. T. : 29 juillet 1915, Carrefour du Chêne, au Bonhomme (Alsace).

HUSSENOT (Gaston), notaire à Neufchâteau, sous-lieutenant, 2e R. I. coloniale : 29 septembre 1915, ...

LATARS (René), greffier du Tribunal de Sedan, caporal fourrier, 9e B. C. P. : 5 février 1915, aux Éparges.

MATHIEU (Edmond), avoué à Saint-Mihiel, soldat, 150e R. I. : 26 septembre 1915, Saint-Hilaire-le-Grand.

GRANIER (René), sous-lieutenant, 62e R. A. C.

BÉJIN (Henri-Joseph), lieutenant, 3e B. C. P. : 3 septembre 1916, Le Forest (Somme). *Chevalier de la Légion d'honneur.*

FACULTÉ DE MÉDECINE

Liste lue par M. le Doyen **MEYER**

ADAMISTRE (Édouard), capitaine, 222e R. A. C. : 13 septembre 1918, Hôpital de Rouen (intoxication sous Château-Thierry).

ALT (Maurice), chirurgien-dentiste, caporal, 170e R. I. : 23 mai 1915, Notre-Dame-de-Lorette (Artois).

BEY (Eugène), chirurgien-dentiste, ...

BLANC (Clovis), chef des travaux de prothèse dentaire, caporal, 41e R. I. T., puis dentiste militaire : 17 juin 1919, Nancy (Hôpital Sédillot).

DAUSSE (Charles), capitaine, 284e R. I. : décédé à Orléans, Hôpital complémentaire, n° 5, le 12 février 1915.

FIEHRER (Raymond), médecin auxiliaire, 320e R. I. : janvier 1918, Hôpital d'Orléans.

FRANÇOIS (Henri), interne des Asiles, aide-major de 2e classe, 146e R. I. : 11 septembre 1916, Tunnel de Tavannes, devant Verdun.

FROSSARD (Léon-Paul), médecin auxiliaire, groupe de brancardiers, 4e D. I. : 25 février 1917, Lamath (M.-et-M.).

GRUYER (Lucien), ancien préparateur d'histoire naturelle, aide-major, 26e R. I. : 6 novembre 1914, Hôpital civil de Nancy, maladie contractée à la retraite de Morhange.

GRUYER (Louis), médecin auxiliaire : 1918...

HENNEQUIN (René), aide-major...

JOLLY (Robert), aide-major de 1re classe au laboratoire de bactériologie de l'Armée d'Orient : 22 février 1919, mort pour la France, Paris (Hôpital temporaire du Lycée Buffon).

LAMBERT (André), médecin auxiliaire, 41e B. C. P. : 22 octobre 1916, Sailly-Saillisel (Somme).

LECOMPTE (Maurice), aide-major de 1re classe, 147e R. I., détaché au 329e R. I. : 26 juillet 1917, ravin de Moulin (Chemin-des-Dames).

LONG-PRETZ (Adolphe), médecin-major, 230e R. I. : 4 septembre 1914, Nancy (Clinique Vautrin).

MAGNIER (Pierre), sous-aide-major, 62e R. A. C. : 17 octobre 1917, Sancy, près du Moulin-Laffaux (Aisne).

MAGROU (Étienne), médecin auxiliaire, 264e R. I. : 2 janvier 1917, Bois de Thiescourt, près Lassigny (Oise).

MANIGUET (Michel), médecin auxiliaire, ...

MASSON (Louis), aspirant, 109e R. I. : 27 décembre 1915, mort dans sa famille à Fretigney (Haute-Saône) de maladie contractée en service, 1916.

MATHIS (Antony), médecin-major de 1re classe, 103e R. I. : 24 septembre 1918, Troyes (Hôpital 45).

MAURICE (Louis), aide-major, ...

MÉGRAT (Joseph), aide-major de 1re classe, 2e B. C. P. :
10 août 1917, maladie contractée en service.

MOUGENOT (René), lieutenant, 69e R. I. : 1er septembre
1914, Friscati, près Lunéville.

MULLER (Maurice), médecin-major de 2e classe : 4 septembre 1916, Tunnel de Tavannes, devant Verdun.

NICOT (Lucien), médecin auxiliaire, 39e R. A. C., puis
aide-major de 2e et de 1re classe, attaché aux ambulances :
5 mars 1919, mort de grippe infectieuse contractée en
service, Hôpital mixte de Saint-Nicolas-du-Port.

OBELLIANNE (Paul), aide-major de 1re classe : septembre
1914, Suippe (Marne).

OGER (André), médecin auxiliaire : 4 septembre 1916,
Tunnel de Tavannes, devant Verdun.

PACOTTE (Joseph), aide-major, 106e R. I. : 27 septembre 1915, Souain.

PECQUEGNOT (Paul), aide-major de 1re classe, 174e R. I. :
12 septembre 1916, Bouchavesnes (Somme).

PETIN (André), aide-major : Hôpital militaire de Tou-
lon, 1918.

RAMU (Marcel), médecin auxiliaire, 167e R. I. : 13 décembre 1914, Seicheprey (Meurthe-et-Moselle).

RAPIN (André), aide-major de 2e classe, 26e B. C. P.

Rohmer (André), chef de Clinique ophtalmologique, aide-major de 1re classe, 79e R. I., puis H. O. E. de Souilly (Meuse), puis médecin-chef de l'Hôpital de Darmstadt : mort à Darmstadt, 28 janvier 1919, du typhus exanthématique, en soignant des prisonniers rapatriés au Camp de Griesheim, près Darmstadt.

Roshem (André), aide-major de 1re classe, 201e R. I. ; 22 août 1916, région de Maurepas-Hardecourt (Somme).

Saucerotte (Louis), médecin-chef de l'Hôpital mixte de Lunéville, évacué dans le midi : 14 mars 1917, Marseille (pneumonie infectieuse contractée en service).

Schmitt (Pierre), interne des Hôpitaux, médecin auxiliaire, 44e B. C. P. : 9 mai 1915, Carency (Artois). *Médaille militaire.*

Simonin (Jean), aide-major de 1re classe, 167e R. I. : 13 décembre 1914, Seicheprey (Meurthe-et-Moselle), ambulance de la 64e D. I.

Thiéry (Georges), aide-major, 139e R. I. : …

Thiry (Charles), aide-major de 1re classe, 73e Division de réserve : 30 janvier 1915, Bois-le-Prêtre.

Vautier (Louis), aide-major, …

Vigneron (Victor), aide-major de 2e classe, médecin-chef de l'ambulance 12/12 : 9 octobre 1918, Nancy (Hôpital Sédillot).

Weiss (Roger), préparateur de physiologie, médecin auxiliaire, 69e R. I. : 30 juillet 1916, Maurepas (Somme).

FACULTÉ DES SCIENCES

Liste lue par M. le Doyen Paul PETIT

1914

De Gail (André), ing. électr., sous-lieut., 149e R. I. :
9 août, Sainte-Marie-aux-Mines.

Le Carpentier (Édouard-Émile), ing. électr., lieutenant,
111e R. I. : 15 août, Arracourt.

Fontaine (André), ing. chim., soldat, 153e R. I. :
20 août, Morhange.

Fossey (Marius), ing. chim., sergent, 37e R. I. :
20 août, Morhange.

Heim (Camille), ing. chim., sous-lieutenant, 2e B. C. P. :
20 août, Morhange.

Lagache (Maurice), ing. chim., licencié, sergent,
153e R. I. : 20 août, Morhange.

Gruyer (Alphonse-Prosper), ing. électr., caporal,
146e R. I. : disparu 20 août, Morhange.

Guillaumin (Pierre), diplômé d'Aérodynamique, lieutenant, 4e B. C. P. : 20 août, Morhange.

MARCHAND (Édouard), diplômé d'Aérodynamique, sergent, 4e B. C. P. : 20 août, Morhange.

LAFFITTE (Louis), licencié ès-lettres, secrétaire général de la Chambre de Commerce, chargé de l'enseignement commercial, capitaine, 37e R. I. : 20 août, Morhange.

CREMEL (Louis), ing. électr., sergent, 154e R. I. : 22 août, Joppécourt (M.-et-M.).

LORY (Pierre), ing. brass., sergent, 36e R. I. : 22 août, Le Châtelet.

SALVAING (André), ing. brass., sous-lieutenant, 96e R. I. : 22 août, Charleroi.

LE BRET (Edmond), ing. électr., licencié, soldat, 226e R. I. : 25 août, Courbesseaux.

Abbé-VOUAUX (Léon), licencié ès-lettres, étudiant en Géologie : fusillé le 25 août, à Jarny.

GRANTE (Maurice), ing. chim., soldat, 226e R. I. : 25 août, blessé devant Courbesseaux, mort le 26 à Nancy (Hôpital du Lycée Jeanne-d'Arc).

CHICH-MANTOUT (Albert), ing. chim., licencié, sergent, 84e R. I. : 26 août, La Chalade (Argonne).

NARRÉ (René), étud. math., caporal, 44e R. I. : 29 août, Méricourt-Proyart (Somme).

TERFF (Albert), ing. électr., sergent, 165e R. I. : 29 août, Morvaux (Meuse).

GUNY, (Pierre), ing. chim., sergent, 27e R. I. : 20 août, blessé à Dolwing, mort à Darmstadt, 30 août.

RODOLPHE (Georges), ingénieur (service des améliorations agricoles), sous-lieutenant, 320e R. I. : 30 août, Écordal (Ardennes).

CREMEL (Léon), ing. chim., sergent, ... : août, en Lorraine.

HERR (René), garçon de laboratoire (menuisier-ébéniste), soldat, 69e R. I. : ... août, Friscati (près Lunéville).

CLOTTU (Jacques), ing. chim., 45e B. C. P. : entre 29 août et 6 septembre, bataille de la Marne.

FRANÇOIS (Louis), répétiteur au collège de Saint-Dié, sergent, 69e R. I. : 1er septembre, Friscati près Lunéville.

VARINOT (Marcel), ing. brass., lieutenant, 106e R. I. : 1er septembre, Septsarges (Meuse).

WEBER (Émile), ing. chim., sous-lieutenant, 146e R. I. : 2 septembre, en Lorraine.

POULAILLER (Pierre), ing. méc., sergent, ... R. I. : 4 septembre, Breuil (Somme).

PIQUART (Léon), licencié, ing. électr., sergent, 37e R. I. : 7 septembre, Maixe (M.-et-M.).

MOULUN (Georges), ing. méc., caporal, 269e R. I. : 8 septembre, Haraucourt (M.-et-M.).

ROBET (Luc), ing. chim., sous-lieutenant, 65e R. I. : 8 septembre, blessé à La Fère-Champenoise, mort à Troyes, le 15 septembre.

SEITIER (Marius), ing. électr., sergent, . . . R. I. . . . septembre, La Marne.

LEMOINE (Léon), étud. électr., 3e B. C. P. : 18 septembre, La Chipotte.

MONNOT (Georges), ing. électr., soldat, 60e R. I. : disparu 20 septembre, Autrêches (Oise).

DAESCHNER (Eugéne), professeur de Langue Malgache, (Institut Colonial), lieutenant, 69e R. I. : 22 septembre, région de Roye.

LELEU (Léon), ing. brass., sous-lieutenant, 9e Cuirassiers : 24 septembre, La Maisonnette.

DOUMER (André), diplômé d'Aérodynamique, lieutenant, 8e R. A. C. : 24 septembre, blessé à Hoëville, mort le même jour à Nancy (Hôpital Militaire).

LEPOIRE (Pierre), étudiant P. C. N., soldat, 37e R. I. 25 septembre, Chuignes (Somme).

LOMBART (René), licencié, sergent, 26e R. I. : 27 septembre, Becquincourt (Somme).

VARIN (Jean), ing. chim., sergent, 69e R. I. : septembre, disparu dans la Somme.

MUSZALSKI (Boleslas), ingén. électr., officier russe : . . . septembre, en Galicie.

FERTAT (Léon), ing. électr., sergent, 109e R. I. : disparu, 8 octobre, Loos.

BOUDEN (. . . . .), ing. brass., adjudant, 26e R. I. : 9 octobre, Monchy-au-Bois (Pas-de-Calais).

Favre (Maurice), licencié, ing. chim., sous-lieutenant, 2ᵉ B. C. P. : 18 octobre, Monchy-au-Bois. *Chevalier de la Légion d'honneur*, 17 août 1914.

Fenaux (Hervé), ing. brass., sous-lieutenant, 148ᵉ R. I. : 23 octobre, Berry-au-Bac (Aisne).

De Pimodan (Henri), ing. géol., licencié, capitaine, 237ᵉ R. I. : 25 octobre, Saint-Laurent-devant-Arras. *Chevalier de la Légion d'honneur.*

Boucheron (Albert), ing. électr., sous-lieutenant, 269ᵉ R. I. : 13 octobre, blessé à Vermelles (Pas-de-Calais), mort à Pontivy, 27 octobre.

Bouchage (Jacques), ing. brass., caporal, ... B. C. P. : ... octobre, Lihons (Somme).

Mathis (Jean), ing. chim., sous-lieutenant, 146ᵉ R. I. : 1ᵉʳ novembre, ...

Berlet (François), ing. agronome, capitaine, 37ᵉ R. I. : ... novembre, Ypres.

Mentrel (René), ing. chim., sous-lieutenant, 37ᵉ R. I. : ... novembre, Bixschoote (Belgique).

Jeandon (Paul), ing. électr., sergent, 10ᵉ Génie : 23 novembre, Elverdinghe (Belgique).

Erichsen (Gustave), ing. chim., soldat, 37ᵉ R. I. : 23 novembre, Elverdinghe.

Cardon (Paul), ing. brass., capitaine, 96ᵉ R. I. : 2 décembre, ...

Adam (Georges), ing. chim., soldat, 85e R. I. : 9 décembre, Apremont.

Maire (Jules), ing. chim., licencié, Directeur des Laboratoires de la Société des explosifs : ... décembre, tué au cours d'expériences sur la cheddite.

Noel (Henri), ing. chim., directeur des Établissements Marchéville-Daguin, sergent, 41e R. I. T. : 16 décembre, Hôpital de Nancy. *Médaille militaire.*

Léon (Clément), surveillant du Lycée de Nancy, étud. électr., soldat, 55e R. I. : 20 décembre, Bois de Forges, devant Verdun.

Chanzy (André), préparateur de Botanique agricole, licencié, caporal, 37e R. I. : 20 décembre, ambulance de Zuydcoote (Nord).

Deldemme (Henri), étud. électr., sergent, 69e R. I. : 26 décembre, ...

Fruhinsholz (Jean), ing. méc., Convois automobiles : 27 décembre, en Suisse, suites de maladie contractée en service.

Duburque (Georges), ing. chim., ...

1915

Huraux (Jean), étud. électr., caporal, 69e R. I. : 3 janvier, hôpital de Dunkerque.

THIBAUDIER (Pierre), ing. électr., sergent, 152ᵉ R. I. : 28 décembre 1914, blessé à Steinbach, mort à Bussang (ambulance), 5 janvier 1915.

MINE (Marius), ing. brass., ... : 18 janvier, Nieuport.

BOURÈS (Alphonse), étud. géologue, caporal, 2ᵉ Étranger (Luxembourgeois) : 25 janvier, ...

GUIBAL (Pierre), ing. chim., soldat, 153ᵉ R. I. : 7 février, ...

DURAND (Marcel), ing. chim., soldat, 29ᵉ R. I. : 10 février, Commercy (ambulance).

MAUPIN (Maurice), professeur au Collège de Remiremont, soldat, 35ᵉ R. I. : 22 février, Hôpital de Besançon (maladie contractée en service).

HOULNÉ (Robert), ing. électr., soldat 1ᵉʳ Génie : 8 mars, Vauquois.

MULLE-GADENNE (Noël), ing. brass., 8ᵉ R. I. : 12 mars, Mesnil-lez-Hurlus (Marne).

VERSCHAVE (Arthur), ing. brass., 8ᵉ R. I. : 12 mars, Mesnil-lez-Hurlus (Marne).

ADAM (Gaston), étud. méc., sous-lieutenant, 174ᵉ R. I. : 12 mars en Champagne.

LEROYER (Ernest), ing. électr., sergent, 69ᵉ R. I. : 13 mars, Langemark (Belgique).

SCHEURER (Daniel), ing. chim., licencié, sergent 170ᵉ R. I. : 14 mars, en Champagne.

Esteva (Gaston), ing. chim., docteur de l'Université de Nancy, sergent, 132ᵉ R. I. : 19 mars, Les Éparges (Meuse).

Meyer (Adolphe), ingén. chim., ... B. C. P. : 25 mars, ...

Bizot (René), ing. électr., soldat, 9ᵉ Génie : 9 avril, Riaville (Meuse).

Faidy (Émile), ing. chim., caporal, 171ᵉ R. I., puis 51ᵉ : disparu, 13 avril, Marchéville (Meuse).

Baussain (Robert), ing. chim., licencié, sergent, 166ᵉ R. I. : 17 avril, Les Éparges.

Gobert (Pierre), étudiant math., sergent, ... R. I. : ... avril, Les Éparges.

Lévy (Georges), étud. électr., soldat, 42ᵉ B. C. P. : 9 mai, La Folie (Pas-de-Calais).

—Wohlgemuth (Henri), ing. chim., docteur ès-sciences, sous-lieutenant, 26ᵉ R. I. : 11 mai, Neuville-Saint-Vaast.

Bertrand-Oser (René), ing. brass., lieutenant, 226ᵉ R. I. : 12 mai, Carency. *Chevalier de la Légion d'honneur.*

Adrien (Jean), ing. méc., lieutenant, 26ᵉ R. I. : 23 mai, Neuville-Saint-Vaast. *Chevalier de la Légion d'honneur.*

Cléret (Fabrice), ing. chim., 8ᵉ Génie, section T.S.F. : 27 mai, Glennes (Aisne), suites de ses blessures.

Charpentier (René), ingén. chim., licencié, ... mai, ...

De Méaupou (Pierre), étud. électr., sergent, 10e Génie :
28 mai, Ablain-Saint-Nazaire.

Desgardin (Eugène), étud. électr., caporal, 6e Génie :
7 juin, dans la Somme.

Poirot (Henri), ing. brass., lieutenant, 39e R. A. C. :
15 juin, Neuville-Saint-Vaast.

Rouyer (Gaston), étud. méc. caporal fourrier, 69e R. I. :
16 juin, Neuville-Saint-Vaast.

Michel (Georges), surveillant au Lycée de Nancy, sous-
lieutenant, 15e B. C. P. : 20 juin, Hilsenfirst (Alsace).

Boyé (Pierre), professeur au Collège de Toul, soldat,
169e R. I. : 24 juin, Bois de Mortmare, devant Flirey
(M.-et-M.).

Blumenthal (Jacques), ing. chim., sous-lieutenant,
368e R. I. : 25 juin, Bois-le-Prêtre.

Bannerot (Louis), ing. électr., caporal, 42e R. I. : disparu en juin, Quennevières.

Petit (René), étud. électr., soldat, 8e R. A. C. :
... juin, ...

Crochard (Louis), licencié, ingénieur, diplômé d'Études
agronomiques, sergent téléphoniste : juillet, Verdun.

Deleuze (....), ing. brass., lieutenant, 153e R. I. :
18 juillet, Oulchy-le-Château.

Toussaint (Henri), étud. électr., sous-lieutenant, 67e R. I. :
... juillet, Les Éparges.

Wehrlin (Pierre), ing. chim., caporal, 262e R. I. : 13 août, Berck-sur-Plage (ambulance).

Ferry (Georges), ing. chim., licencié, sergent brancardier, 26e R. I. : 11 septembre, Perthes-les-Hurlus.

Marchal (Roger), ing. chim., caporal, 10e B. C. P. : ... septembre, bataille de la Marne.

Didot (Augustin), ing. chim., soldat, 21e B. C. P. + disparu, 25 septembre, Souchez.

Berger (Achille), ing. électr., aspirant, 69e R. I. : 25 septembre, Beauséjour (Champagne).

Goldkron (Saïa), étud. électr., soldat, 1er étranger : 25 septembre, en Champagne.

Martin (Robert), étud. électr., aspirant, 124e R. I. : 26 septembre, en Champagne.

Desplas (Adrien), ingén. électr., sous-lieutenant, 35e R. A. C. : 3 octobre, Tahure.

Peugeot (Ernest), étud. méc., élève pilote à Pau : mort en service, 5 octobre.

Perrut (Augustin), ing. brass., lieutenant, 158e R. I. : 15 octobre, Angres (Notre-Dame-de-Lorette).

Hinschberger (Marcel), ing. chim., aspirant, 9e Génie : 29 décembre, Suippes.

Baudot (Marcel), diplômé d'Aérodynamique, lieutenant-aviateur : 1915, Nœux-les-Mines (Pas-de-Calais).

1916

GARNIER (Pierre), ing. élect., Sergent, 8ᵉ B. C. P. ; 16 mars, devant Verdun.

DE BEAUMONT (André), étud. électr., caporal, 26ᵉ R. I. ; 26 mars, devant Verdun.

ODDO (André), étud. électr., caporal fourrier, 111ᵉ R. I. ; 20 mars, Malancourt.

GRAND'EURY (Maurice), ingénieur agronome : 7 avril, devant Verdun.

TIXIER (Maurice), ing. brass., sergent, 332ᵉ R. I. ; 30 avril, devant Verdun.

SERVY (Albert) ing. chim., soldat 12ᵉ R. A. C. ; 8 mai 1916, Bois d'Avocourt, devant Verdun.

DEBUS (Georges), ing. chim., lieutenant, 114ᵉ R. I. ; 15 mai 1916, Verdun. *Chevalier de la Légion d'honneur.*

FOEX (Albert), ing. chim., caporal infirmier, ambulance alpine : 3 juin, ...

HELLE (Pierre-Eugène), répétiteur au Collège de Brugères, sous-lieutenant, 407ᵉ Régiment de marche : Bois de Vaux-Chapitre, devant Verdun.

FABÉ (Georges), diplômé de l'Institut colonial, lieutenant, 22ᵉ Inf. colon. ; 2 juillet, près Herbécourt (Somme).

FRÉCOT (Henry), ing. électr., brigadier téléphoniste, 108ᵉ R. A. L. : 18 juillet, devant Verdun. *Médaille militaire.*

WEHRLIN (Jacques), ing. chim., 166ᵉ R. I. : 31 juillet, dans la Somme.

GROSCOLAS (René), professeur de physique au Collège de Longwy, caporal, 164ᵉ R. I. : 1ᵉʳ août, disparu au combat de Tavannes, devant Verdun.

GRANDCLAUDE (Paul), étud. électr., caporal, 8ᵉ Génie : 3 septembre, Ferme Bussus (Somme).

MULLER (Louis), étud. méc., infirmier-major, 6ᵉ section : 4 septembre, Tunnel de Tavannes (devant Verdun).

GROTH (Jean), licencié, Vice-Président de la Société géologique de France, capitaine, ... R. I. : 13 septembre, ... *Chevalier de la Légion d'honneur.*

PONSOT (Alphonse), étud. méc., 55ᵉ Cⁱᵉ d'Aérostiers : 12 septembre, Vielverge (Côte-d'Or). Suites de maladie.

GODART (Marcel), répétiteur au Collège de Remiremont, soldat, 173ᵉ R. I. : 12 septembre, Cléry-sur-Somme.

NICOLAS (Xavier), préparateur de Chimie, licencié, Contrôleur à l'Usine de Boussens (Haute-Garonne), fabrication des gaz : 17 septembre, hôpital de Saint-Gaudens.

ROSSAT (Paul), ing. chim., licencié : 24 septembre, éclatement d'un canon, inhumé à Froidos (Meuse).

ROSSET (Georges), ing. chim. : 24 septembre, dans l'Argonne.

MACQUERON (Paul), ing. brass., soldat, 328e R. I. :
12 octobre, à Munster.

HAXAIRE (René), ing. brass., adjudant, 50e B. C. P. :
24 octobre, Vaux, devant Verdun.

VIFFRY (Jean), ing. électr., capitaine, 6e Génie : 24 octobre, hôpital de Cognac, suites de maladie contractée en
service.

DECORPS (Raymond), étud. électr., aspirant, 321e R. I. :
27 octobre, devant Verdun.

DE CREVOISIER (Michel), ing. électr., sergent pionnier,
68e R. I. : 5 novembre, Sailly-Saillisel (Somme).

THEUREL (Marcel), ing. électr., sous-lieutenant, 170e R. I. :
6 septembre, Cléry-sur-Somme.

HUMBERT (Pierre), ing. brass., adjudant, 35e R. I. :
27 novembre, Monastir (cote 1248).

PIERRON (Paul), ing. chim., Laboratoire d'analyses de la
Faculté, sergent mitrailleur, 269e R. I. : 19 décembre,
Moulin-sous-Touvent (Oise).

GÉNIN, ing. brass., lieutenant, 3e Zouaves : disparu.

1917

POINTET (José), ing. électr., sous-lieutenant, 372e R. I. :
17 mars, Monastir.

PUILLET (Rémy) ing. brass., sergent, 60e R. I. : 16 avril, en Champagne.

BOCA (Marcel), ing. brass., soldat, 1er R. I. : 17 avril, Craonne.

BONIFACE (Lucien), ing. chim. : 18 avril, ...

KŒLL (Édouard), ing. brass., sous-lieutenant, 167e R. I. : . . . avril, en Champagne. *Chevalier de la Légion d'honneur.* —

FIDON (Louis), ing. brass., sous-lieutenant, 331e R. I. : 19 avril, La Musette (Somme).

BOHIN (André), ing. électr., sous-lieutenant, 8e Génie : 25 avril, blessé sur le front de l'Aisne, décédé le 5 mai, ambulance de Courville (Marne).

FLACH (André), ing. électr., Compagnie électro-mécanique du Bourget : 4 mai, Paris, suites de maladie contractée en service.

THUILLIÉ (Emmanuel), ing. chim., soldat, 113e R. I. : 5 mai, ...

ANDRÉ (Maurice), ing. électr., sergent, 152e R. I. : 22 mai, blessé à Vauclerc (Aisne), mort à l'ambulance, 1er juin. *Médaille militaire.*

GROSGEORGE (Edmond), répétiteur au Collège de Lunéville, maréchal des logis, 14e R. A. C. : 16 juillet, ...

Abbé MATHIEU (Léopold), licencié, caporal, 23e Section d'infirmiers : 7 septembre, Bois des Caurières (Meuse).

BRUNON (Raoul), ing. chim., sergent, 6e B. C. P. : 23 octobre, La Malmaison.

Reisser (Robert), ing. chim., canonnier, 120ᵉ R. A. L. :
... octobre, Neuville-sous-Margival (Aisne).

Hasdenteuffel (Marius-René), étud. méc., sous-lieutenant aviateur : 26 juin, tué accidentellement à Villenauxe
(Aube). *Médaille militaire.*

1918

Banos (Ernest), professeur à l'École professionnelle de
l'Est, chargé d'enseignement à l'Institut chimique, lieutenant, 311ᵉ R. I. : 18 avril, Castel-Mailly-Raineval (Somme).

Callier (Robert), ing. chim., sous-lieut., 130ᵉ R. I. :
28 septembre.

Tournadre (Pierre), étud. électr., lieutenant aviateur,
22 juin, ...

Baudouin (Arthur), ing. chim., sous-lieutenant, 22ᵉ R. I. :
28 septembre, Sainte-Marie-à-Py (Marne).

Delécluze (Louis), ing. brass., brigadier, 6ᵉ chasseurs
à cheval : 7 octobre, ...

Vaucourt (Maurice), ing. chim., aspirant, 221ᵉ R. I. :
13 octobre.

Zone (Léon), ing. chim., lieutenant, Inf. coloniale :
22 octobre, Attichy (Oise).

Bastien (Étienne), étud. méc., lieutenant, Convois

automobiles : 29 octobre, ... *Chevalier de la Légion d'honneur.*

DAUTREY (Maurice), étud. méc., aspirant, 4ᵉ B. C. P. : 31 octobre, Peterghem-Deinze (Belgique).

PICOT (Louis), étud. méc., 8ᵉ Génie : 5 novembre, mort de maladie contractée en service.

1919

MŒSSNER, ing. brass. : Monastir.

VITREY (Julien), professeur au Collège de Toul, lieutenant, 10ᵉ R. A. C., aviateur à l'escadrille 218 : 12 octobre (Hôpital Sédillot, Nancy), mort de maladie contractée au service. *Chevalier de la Légion d'honneur.*

Renseignements incomplets

BARTHELET (Gustave), ing. chim., sergent, 155ᵉ R. I.

BAUER (Édouard), caporal, 41ᵉ R. I. T.

CARON (Charles), ing. brass.

CRÉTIEN (Lucien), ing. chim. : mort des suites d'une explosion d'ypérite, Usine de Pont-de-Claix.

CRÉTIN (André), ing. brass.

Creusot (Robert), licencié, ing. géol.

Delfosse (Louis), ing. brass.

Depambour, diplômé de l'Institut colonial et de l'École supérieure de Commerce.

Fournier (Pierre), géologie.

Galliot (Georges), ing. chim. : décédé d'une maladie contractée en service, à Bourges.

Gulmann, étud. méc.

Goursat (Maurice), étud. électr.

Hartenstein, brasseur.

Jochem (Jules), ing. brass.

Jougounoux (Henri), ing. chim.

Juteau (Albert), sous-lieutenant, 407e R. I. : tué d'un éclat d'obus, dans les lignes russes. *Chevalier de la Légion d'honneur.*

Keller (Jacques), licencié ès-sciences naturelles.

Kuss (Jean), ing. brass.

Marmier, ing. étud.

Mélinette (Ernest), licencié ès-sciences naturelles.

Moitrot (Albert), ing. chim., maréch. des log., 8e R. A. C.

Morere (Jean), ing. brass.

Morin (Albert).

Navel (Georges).

Pierens (Albert), ing. brass.

Schmitt, ing. brass.

Soleille (Roger), agronome au Canada.

Szaniawski (Vladimir), polonais, étud. électr.

Du Terrail (Fernand), ing. chim., soldat, 30e R. I.

Weinberg, polonais, étud. électr.

Abbé Zahn (Ferdinand), licencié ès-sciences naturelles, aumônier, 5e hussards : pleurésie à Steenstrate Belgique, 4 janvier 1915, mort à Bergues (Nord), 8 mars.

ADDITIONS

Bonneret (Gaston), étud. électr., sous-lieutenant, 4e R. I. : 30 septembre 1918, Montigny-sur-Vesle (Marne).

Charbonnier (Paul-Henry), ing. électr., sergent, 42e R. I. : 12 novembre 1914, Vingré (Aisne).

Jolly (Robert), licencié ès-sciences. *Voir ci-avant, p. 36.*

Juillard (Jean), surveillant au Lycée de Nancy, lieutenant, 171e R. I. : 29 février 1916, ...

Marchal (Roger), ing. chim., caporal au 10e B. C. P. : tué en septembre 1914, à la bataille de la Marne.

Matte (Jean), aspirant, 172e R. I. : 27 septembre 1917, Bouchavesnes (Somme).

FACULTÉ DES LETTRES

Liste lue par M. le Doyen SOURIAU

1914

D'Estienne (Robert), agrégé d'allemand, soldat, 156e R. I. : 20 août, Pellange-Morhange.

Billet (Maurice), licencié d'histoire, caporal, 153e R. I. : 20 août, Achain, près Morhange.

Bouttenot (Norbert), diplômé d'allemand, caporal, 7e R. I. : 22 août, Bertrix (Luxembourg belge).

Abbé Vouaux (Léon), agrégé de grammaire, professeur à La Malgrange, fusillé par les Allemands à Jarny, 25 août.

Martin (Jean), membre de l'École française de Rome, sous-lieutenant, commandant la section de mitrailleuses, 230e R. I. : 29 août, Gerbéviller.

Parisot (Henri), professeur au Lycée de Charleville, caporal, 331e R. I. : 30 août, Fossé (Ardennes).

ADELPHE (Louis), docteur ès-lettres, lieutenant, 69e R. I. : 1er septembre, Deuxville, près Friscati, (Meurthe-et-Moselle).

MOREAU (Pierre), caporal, 69e R. I. : 3 septembre, Vitri-mont.

COLSON (Georges), professeur au Collège d'Antibes, caporal, 111e R. I. : 7 septembre, Vassincourt, près Revigny (Meuse).

PRUVOT (Étienne), professeur au Collège de Commercy, adjudant, 155e R. I. : 9 septembre, Courcelles-sur-Aire (Meuse).

MANGEARD (Edmond), diplômé d'histoire, lieutenant, 153e R. I. : 11 septembre, devant Drouville (Meurthe).

PERRIN (René), diplômé d'histoire, caporal, 168e R. I. : 11 septembre, Champenoux.

DRUON (Jean), agrégé de grammaire, pensionnaire de la Fondation Thiers, sergent, 26e R. I. : 14 novembre, Pilkem, près Bixschoote (Belgique).

RENAUX (Paul-Émile), professeur de philosophie au Collège de Commercy, soldat, 44e R. I. : 16 septembre, Autrêches (Oise).

LÉONARD (Louis), répétiteur au Collège de Verdun, sous-lieutenant, 155e R. I. : 21 septembre, Bois-le-Prêtre.

REMY (Georges), surveillant au Lycée de Nancy, caporal, 37e R. I. : 30 septembre, Fricourt (Somme).

VIALA (Georges), professeur au Collège d'Oloron, sous-lieutenant porte-drapeau, 152ᵉ R. I. : 8 octobre, mort des suites de ses blessures à Sarrebruck.

GODARD (Pierre), professeur de philosophie au Lycée de Tulle, lieutenant, 226ᵉ R. I. : mort à Amiens des suites de ses blessures, 4 novembre. *Chevalier de la Légion d'honneur.*

1915

DE PRESSIGNY (Albert), diplômé d'allemand, sous-lieutenant, 44ᵉ R. I. : 13 janvier, Crouy, près Soissons.

PIGUET (René), diplômé d'allemand, lieutenant, 2ᵉ R. I. : 15 février, Neuville-Saint-Vaast. *Chevalier de la Légion d'honneur.*

REGNIER-VIGOUROUX (Jean), licencié d'histoire, sous-lieutenant, 226ᵉ R.I. : 8 février.

QUIGNON (André), licencié d'allemand, aspirant, 120ᵉ R. I. : 2 mars, Beauséjour (Cote 196), devant Ménil-lez-Hurlus (Marne).

DEMETZ (Léon), professeur au Collège de Sainte-Menehould, lieutenant, 57ᵉ B. C. P. : 17 mars, région d'Arras.

GIGOT (Fernand), agrégé d'allemand, soldat, 340ᵉ R. I. : 10 avril, Bois-de-Mortmare (Meurthe-et-Moselle).

Lévy (Georges), agrégé d'anglais, professeur au Lycée d'Aix-en-Provence, lieutenant, 203ᵉ R. I. : 27 avril, Les Éparges.

Védel (Octave-Élisée), diplômé d'allemand, caporal, 153ᵉ R. I. : 9 mai, Neuville-Saint-Vaast.

Déloy (Marcel), étudiant d'histoire, sergent, 146ᵉ R. I. : 12 mai, Neuville-Saint-Vaast.

Sonrier (Edmond), répétiteur au Lycée de Nancy, diplômé d'allemand, sous-lieutenant, 109ᵉ R. I. : 2 juin, Notre-Dame-de-Lorette (Artois).

Gillet (Raymond), licencié d'allemand, aspirant, 42ᵉ R. I. : 16 juin, Quennevières, près Tracy-le-Val (Oise).

Demetz (Charles), licencié d'allemand, soldat, puis caporal, 57ᵉ B. C. P. : 28 juin, blessé à Souchez (Pas-de-Calais), décédé le 30 juin.

Letonturier (Louis), professeur au Collège de Bar-sur-Aube, sous-lieutenant, 237ᵉ R. I. : 26 juillet, devant Souchez (Pas-de-Calais).

Lacroix (Pierre), étudiant de philosophie, soldat, 82ᵉ R. I. : 19 juillet, blessé en Argonne, mort de ses blessures, 6 août.

Berger-Levrault (Théodore), lieutenant, 37ᵉ R. I. : 25 septembre, disparu à la Butte du Mesnil.

Belleau (Georges), licencié d'anglais, soldat, 156ᵉ R. I. : disparu 27 septembre.

Smouts (Paul), secrétaire des Cours d'étudiants étrangers, sous-lieutenant, 4e Tirailleurs (Division marocaine) : 28 septembre, Butte de Souain (Champagne).

Prot (Henri), licencié d'anglais, sous-lieutenant, 204e R. I. : 5 octobre, près Souchez.

Fréard (Fernand), répétiteur au Collège de Toul, soldat, 170e R. I. : tué en Champagne, 6 octobre.

Blum (Gustave), agrégé d'allemand, docteur ès-lettres, professeur au Lycée d'Evreux, sergent-fourrier, 228e R. I.

1916

Robert (Léon), professeur au Collège d'Épinal, sous-lieutenant, 164e R. I. : 22 février, Bois des Caures, devant Verdun.

Masson (Pierre-Maurice), professeur à l'Université de Fribourg (Suisse), docteur ès-lettres, sergent, puis sous-lieutenant, 42e R. I. T. ; lieutenant, commandant de compagnie, 261e R. I. : 16 avril, Bois-de-Mortmare, devant Flirey (Meurthe-et-Moselle).

Chopard-Guillaumot (Marcel), agrégé d'allemand, sous-lieutenant, 60e R. I. : 29 avril, Hondainville (Oise).

Maillard (Paul), professeur au Collège de Toul, capitaine, 261e R. I. : 27 juin, devant Verdun. *Chevalier de la Légion d'honneur.*

Colson (Robert), licencié ès-lettres, aspirant, 37e R. I. : 28 juin, Cerisy-Gailly (Somme), ambulance 3/2.

Wirbel (Charles), licencié d'histoire, lieutenant, 360ᵉ R. I. : 12 septembre, Cléry-sur-Somme.

1917

Bichoffe (Alfred), professeur au Collège de Pont-à-Mousson, sergent, 42ᵉ R. I. T. : décédé le 25 janvier, au Bois Saint-Pierre, Ban de Bracourt (Meuse).

1918

Randon de Pully (Enguerrand), licencié de philosophie, lieutenant, 41ᵉ R. I. : 26 avril, Hangard-en-Santerre (Somme).

Keller (Paul), diplômé d'Histoire, lieutenant, officier de renseignements, 41ᵉ R. I. : 1ᵉʳ juin, Vierzy (Aisne).

Guillaume (Ernest), professeur au Collège de Verdun, caporal infirmier, 151ᵉ R. I. : 21 juillet, près de Soissons.

Vibrac (Paul-Auguste), professeur au Lycée de Grenoble, lieutenant, 4ᵉ B. C. P. : 25 sept. 1914, blessé à Vaux-Éclusier (Somme) ; 25 sept. 1915, blessé en Champagne. Attaché à l'Intendance : 20 octobre 1918, grippe infectieuse, Rosendael (Nord).

Leitienne (François), licencié d'allemand, lieutenant, 12ᵉ Dragons : 23 octobre, maladie contractée en service.

ÉCOLE SUPÉRIEURE DE PHARMACIE

Liste lue par M. le Dr BRUNTZ, Directeur

1° Anciens Étudiants de l'École.

WINSBACK, Pharmacien à Briey : fusillé sans jugement par les Allemands, 20 août 1914, à Briey.

DELORME, Pharmacien à Longuyon : brûlé vif dans sa pharmacie au cours de la bataille, 23 août 1914.

THOMASSIN, Pharmacien-major de 2ᵉ classe (active) : tué en service commandé, lors d'une explosion de gaz comprimés, 25 février 1916, à Boulogne-sur-Seine. *Chevalier de la Légion d'honneur.*

DÉTIEUX (Henri), Pharmacien aide-major de 1ʳᵉ classe, 64ᵉ R. I. : 27 mai 1918, Chemin-des-Dames.

LECOMTE (Marc), Pharmacien aide-major de 2ᵉ classe, 17ᵉ R. I. : 30 mai 1918, Ressons (Oise).

DESPREZ, Pharmacien à Nancy : mort à Lyon, le 8 juin 1918, des suites d'une maladie contractée au cours de sa captivité en Allemagne.

Schutz, Pharmacien aide-major de 2ᵉ classe : mort à Troyes, 15 août 1918, d'une maladie contractée dans son service d'hôpital.

2° Étudiants de l'École.

Beckerich (René), Étudiant de 2ᵉ année, caporal, 6ᵉ Section d'infirmiers : 25 août 1914, Longwy.

Hannau (André), Étudiant de 1ʳᵉ année, caporal-fourrier, 80ᵉ R. I. : 16 juin 1915, Perthes-les-Hurlus.

Jeandel (Paul), Étudiant de 2ᵉ année, brancardier à la 23ᵉ Section d'infirmiers : blessé, le 10 avril 1916, à Avocourt; mort, le 16 avril 1916, à l'Hôpital Margaine, à Sainte-Menehould.

Blum (René), Étudiant de 3ᵉ année, Pharmacien-auxiliaire au G. B. D., 130ᵉ R. I. : blessé, le 26 juin 1916, devant Verdun; mort, le 30 juin 1916, Hôpital de Jigny (Meuse).

Royer (Marcel), Étudiant de 3ᵉ année, Pharmacien auxiliaire : 4 septembre 1916, Tunnel de Tavannes.

Bolla (Pierre), Étudiant de 1ʳᵉ année, sous-lieutenant, 53ᵉ R. I. : 6 septembre 1918, Bétheniville (Marne).

Dufour (Victor), Élève stagiaire, sous-lieutenant, 166ᵉ R. I. : 23 octobre 1918, château d'Olsene, sur la Lys.

ÉPILOGUE

Après la lecture de ces listes, écoutée debout par l'assistance avec une religieuse émotion, le Recteur prit de nouveau la parole en ces termes :

Autrefois Athènes, mère de notre civilisation, honorait ainsi ses fils, qui avaient donné leur vie pour elle dans les combats. On les ramenait tous comme au foyer natal, et on les déposait en grande pompe au plus bel endroit de la ville. Le funèbre convoi comprenait dix chars, un par tribu : chacun d'eux portait les restes des enfants de la tribu. Un onzième char venait à la fin, orné de tentures, mais vide : celui-là était pour les disparus (1). A l'exemple de l'Athènes antique, honorons également, avec ceux dont nous savons où reposent les corps, ceux aussi qu'on n'a pas retrouvés pour les réunir à leurs compagnons d'armes, tous nos héros disparus.

Ce n'est pas tout. Athènes fit une exception en faveur des guerriers qui tombèrent à Marathon. Elle voulut que ceux-là, sur ce même champ de bataille où ils avaient

---

(1) THUCYDIDE, *Guerre du Péloponnèse :* l. II, c. 34. — Au même endroit se trouve ce que l'historien dit des combattants de Marathon.

5

sauvé la Grèce, sur ce même champ, ils eussent aussi leur tombeau. Et ce fut un Lieu-Saint où toute la Grèce venait comme en pèlerinage : on y vient encore aujourd'hui. De même, transportons-nous par la pensée dans ces innombrables cimetières du front, depuis les rivages de la mer du Nord à l'extrémité des Flandres jusqu'aux derniers sommets des Vosges à l'extrémité de l'Alsace, plus loin encore, en Orient, depuis Salonique jusqu'aux rives du Danube, en Palestine même, et aussi à la surface, ou plutôt, hélas ! au fond des Océans, et inclinons-nous pieusement : que tous ces héros morts, qui nous ont sauvés, reçoivent l'hommage de notre culte reconnaissant !

ADRESSE

INAUGURATION

DE L'UNIVERSITÉ DE STRASBOURG

22 Novembre 1919.

A l'Université de Strasbourg

l'Université de Nancy

———

Ce jour est un grand jour pour l'Université lorraine, comme pour l'Université alsacienne et toutes les Universités françaises. Il marque la réalisation d'un espoir que nous avons religieusement entretenu dans nos cœurs pendant près de cinquante années.

Cet espoir date de l'année, inoubliable pour nous, 1871, où les Professeurs des Facultés et École de Strasbourg, pour ne pas rester dans leur Ville occupée par l'ennemi, sont venus à Nancy nous demander asile : Professeurs de Droit, Professeurs de Sciences et de Lettres, toute votre Faculté de Médecine et toute votre École Supérieure de Pharmacie. Quelle douleur de s'éloigner de leur chère Alsace ! Ils voulaient au moins se tenir à deux pas d'elle, tout prêts à y retourner. Nous-mêmes nous leur disions : « Vous êtes ici, mais ce n'est pas pour toujours » ; en patois lorrain : *Ce n'a me po tojos.* Et en attendant, nous les entourions de toute notre sympathie, de tout notre respect. Au Droit, Eugène Lederlin devint bientôt Doyen de la Faculté, et le demeura pendant plus de vingt-et-un ans.

Aux Sciences, nous eûmes aussi le Doyen Bach. A la Médecine, le Doyen Stoltz, avec Herrgott père, Beaunis et Bernheim, le Doyen Heydenreich, hier encore le Doyen Gross, aujourd'hui le Doyen Meyer. Et à la Pharmacie, Oberlin et Jacquemin, Schlagdenhaufen et Bleicher, quatre Directeurs successifs, tous les quatre Alsaciens.

A la première génération venue d'Alsace, une autre avait succédé, qui, ne pouvant enseigner à Strasbourg, voulait au moins enseigner à Nancy, toujours à proximité du pays natal : au Droit, Carré de Malberg et Bourcart ; aux Lettres, Pfister, Diehl et Lichtenberger, après Grucker ; aux Sciences, Haller et Guntz, Arth et Muller, Molk et Rothé ; à la Médecine, ils sont trop, Herrgott fils, Weiss, Rohmer, Haushalter, Frœhlich, Fruhinsholz, si bien qu'un visiteur, entendant tous ces noms d'une provenance manifeste, pouvait se croire dans une Université alsacienne. Et j'allais oublier Klobb, à la Pharmacie. Entre eux, dans leurs entretiens familiers, ces fils d'Alsace aimaient à parler le dialecte du pays.

Beaucoup de ces anciens Maîtres ont disparu. Mais chaque fois que l'un d'eux mourait, ou bien on rapportait son corps au Cimetière de Strasbourg, et nous l'accompagnions pieusement ; ou bien, si on l'enterrait à Nancy, nous ne manquions pas d'évoquer devant sa tombe la Ville où s'était écoulée son enfance, sa jeunesse, d'évoquer la flèche de la Cathédrale. Tout bon Alsacien en gardait l'image dans son cabinet d'étude : il n'avait qu'à lever la tête, pour la contempler, toujours présente à ses yeux.

Nos Étudiants de Nancy partageaient nos espoirs. Les jours de fêtes, ils ne manquaient pas de pavoiser leur Cercle aux couleurs d'Alsace, aussi bien que de Lorraine et de France. Ils se plaisaient à fraterniser avec leurs camarades de Strasbourg. Les Médecins s'en souviennent : c'est à Nancy que fut célébré, en 1912, le Centenaire de l'Internat de Strasbourg. Que de réceptions intimes dans l'une et l'autre Ville ! Que de rendez-vous au sommet de la Schlucht : on faisait l'ascension des deux versants opposés des Vosges, — les Vosges dont la ligne bleue n'était pas tant pour nous une séparation qu'un trait-d'union, jusqu'au jour, où, par la vertu de notre sang répandu à flots au Linge ainsi qu'au Vieil-Armand, elles devaient redevenir totalement françaises.

Ces relations avec l'Alsace et les Alsaciens nous imposaient des devoirs que nous avons su remplir. Jamais Nancy n'accepta les invitations qui lui furent adressées parfois des Universités allemandes ; parmi toutes les Universités françaises, il en était une, la nôtre, qui ne pouvait pas et ne devait pas accepter : c'eût été envers vous comme une trahison. Je me souviens d'une cérémonie universitaire, en pays neutre, où le recteur allemand de Strasbourg devait parler seul au nom de l'Allemagne ; je revendiquai l'honneur de prendre aussi la parole, non pas tant, croyez-le bien, pour l'Université lorraine : mais une voix devait se faire entendre, qui rappelât les anciennes Facultés françaises d'Alsace. Nous nous sommes même demandé si notre Université, au lieu du simple nom de

Nancy, ne devait pas s'appeler Nancy-Strasbourg ; mais nous donnions ainsi une apparence définitive à une union qui ne pouvait être que passagère, chacune des deux Universités devant un jour prochain reprendre sa vie propre et son indépendance.

Ce jour est enfin venu. Nous vous avons déjà rapporté vos Archives, que vous nous aviez confiées afin de les sauver. Nous vous rapportons aujourd'hui la pacifique masse d'armes, qui dans les cortèges officiels précédait le Doyen de votre Faculté de Médecine : nous la conservions pour vous la rendre comme un dépôt précieux. Et nous vous rendons aussi, pour constituer votre Université nouvelle, presque autant de Professeurs que vous nous en prêtiez en 1871. Nous n'avons pas songé à les retenir : l'attrait du pays natal, enfin rouvert à leur légitime ambition, était trop puissant et surtout trop naturel. Et puis, ce sont autant de chers liens qui rattacheront l'une à l'autre les deux Universités-Sœurs. Ces Maîtres, qui nous ont quittés, savent bien qu'en venant à Nancy ils seront toujours chez eux ; et nous savons qu'en venant à Strasbourg nous retrouverons toujours des amis.

L'Université de Nancy avait, en ces derniers temps, le grand honneur de représenter sur notre frontière de l'Est la Science et la Pensée française ; mais elle était seule pour cette tâche redoutable. Désormais nous serons deux à y travailler ensemble. Le renforcement que nous procure Strasbourg restitué, ne saurait être pour personne en France une cause d'affaiblissement. Ensemble nous ferons rayonner cette Pensée française, même au-delà de nos frontières : la Victoire l'a sauvée de l'anéantissement qui la menaçait ; à nous de lui assurer désormais sa part contributive à l'œuvre commune de la Civilisation.

Dans cette espérance, l'Université lorraine salue avec bonheur l'Université alsacienne : à vos deux couleurs, le blanc et rouge d'Alsace, elle unit notre rouge et jaune de Nancy, dans un même culte de ce Drapeau, qui nous est cher et sacré par-dessus tout, le Drapeau de la France, notre Drapeau tricolore.

Le Recteur de l'Université,

CH. ADAM.

MEMBRE DE L'INSTITUT.

Nancy, 22 Novembre 1919.

TABLE DES NOMS PROPRES

TABLE

DES MATIÈRES

IMPRIMERIE J. COUBÉ — NANCY